SMOOTHIES

¡los mejores zumos depurativos!

Irina Pawassar
Fotos de Brigitte Sporrer

Grijalbo

Para mi madre Heidi

El papel utilizado para la impresión de este libro ha sido fabricado a partir de madera procedente de bosques y plantaciones gestionadas con los más altos estándares ambientales, garantizando una explotación de los recursos sostenible con el medio ambiente y beneficiosa para las personas. Por este motivo, Greenpeace acredita que este libro cumple los requisitos ambientales y sociales necesarios para ser considerado un libro «amigo de los bosques». El proyecto «Libros amigos de los bosques» promueve la conservación y el uso sostenible de los bosques, en especial de los Bosques Primarios, los últimos bosques vírgenes del planeta.

Nota: Las propuestas y consejos recopilados en este libro han sido cuidadosamente comprobados por la autora y la propia editorial. No obstante, no se asegura el éxito en la realización del producto, por lo que queda excluida cualquier responsabilidad por parte de la autora y del equipo editorial en los posibles perjuicios a personas o bienes.

Título original: *Smoothies*

Primera edición: enero de 2016

© 2015, Edition Michael Fischer GmbH
© 2016, de la presente edición en castellano para todo el mundo:
Penguin Random House Grupo Editorial, S.A.U.
Travessera de Gràcia, 47-49. 08021 Barcelona
© 2016, Ferran Alaminos Escoz, por la traducción

Diseño de portada e interior: Ilona Molnár
Producción: Annika Christof
Redacción: Annika Christof y Juliane Rottach
Fotografías: Brigitte Sporrer, Múnich
Retoque fotográfico: Erik Pawassar, San Francisco, e Ilona Molnár

Créditos de imágenes:
Todas las fotografías son de Brigitte Sporrer, a excepción de la foto de la autora en la página 48, de Erik Pawassar, San Francisco

ISBN: 978-84-16449-02-6

Depósito legal: B-25892-2015

DO 49026

Penguin
Random House
Grupo Editorial

RECETAS

ANTES DE EMPEZAR

ENERGÍA EN 10 MINUTOS

Son divertidos, proporcionan energía y nos mantienen saludables. Quien los prueba ya no quiere renunciar a ellos. Los smoothies son el mejor y más fresco tentempié diario.

LISTOS EN UN SANTIAMÉN

Son ideales para aquellos que no quieren cambiar sus hábitos alimentarios para vivir de forma saludable. Solo hay que introducir en la batidora lo que nos gusta y, en menos de diez minutos, tendremos listo el smoothie. Por eso es ideal para cuando disponemos de poco tiempo, como a primera hora de la mañana. El aparato se limpia en cuestión de segundos, y el «oro saludable» se vierte en un santiamén en un vaso con tapa de rosca. Y ya tenemos el desayuno perfecto, un apetitoso aperitivo para la oficina o simplemente una refrescante bebida

SOMOS LO QUE COMEMOS

El consumo regular de smoothies, especialmente los verdes, proporciona a menudo una sensación de «despertar», nos espabilamos, y las papilas gustativas se vuelven más sensibles. Podrás comprobar que ya no necesitas tanto azúcar o sal como antes. ¡Es el primer paso hacia una alimentación más inteligente!

SALUD Y ENERGÍA EN ESTADO PURO

¡El verde es la esencia! La clorofila es el pigmento que proporciona su tonalidad verde a las plantas y ejerce un efecto especialmente positivo en nuestra salud. Las verduras frescas nos aportan además enzimas importantes, útiles para la formación y renovación de la estructura celular. Cuantas más enzimas tengamos en el cuerpo, más resistente será nuestro sistema inmunológico. Nos mantendremos en forma y obtendremos

APARATOS

Una batidora doméstica estándar será suficiente para realizar la mayoría de las recetas. Incluso es posible obtener buenos resultados con un potente túrmix. Cuanto mejor sea la máquina, más fino quedará el puré. Para obtener una óptima molienda de semillas de granada, col verde, calabaza y nueces será necesaria una batidora de alto rendimiento. Ya sea deliciosamente cremosa, con pequeños trozos de fruta, o líquida como el zumo, la mezcla final dependerá únicamente de nuestros gustos.

REGLAS BÁSICAS

Es importante que los productos sean de temporada y de la región. Tampoco necesitas siempre superalimentos exóticos. Por tanto, este libro contiene recetas locales, aunque también tropicales si no disponemos de las típicas frutas y verduras autóctonas.

¡Y siempre puedes añadir los superalimentos como ingredientes extras! Las recetas son todas veganas, a menos que quieras endulzarlas con miel. Si no quieres prescindir de la leche de vaca o del yogur, puedes utilizarlos en sustitución de la leche de almendra o de arroz. Los ingredientes como el azúcar, los productos derivados del trigo o la leche de soja quedan descartados. Por supuesto es deseable utilizar alimentos de origen ecológico, aunque no siempre es posible o económicamente factible. Las cantidades sugeridas para todas las recetas están calculadas para una o dos personas, pero pueden modificarse a voluntad. Una parte de las recetas procede de la marca Super Danke.

SIN MÁS PREÁMBULOS

¡Ya no hay excusa para que empieces a hacer algo por tu salud mientras pasas un buen rato!

INGREDIENTES

VERDURAS: Lo importante es que sean frescas, autóctonas y de temporada. Las hortalizas orgánicas y las verduras de la huerta son la mejor opción. Las vitaminas, los minerales y la fibra hacen de la verdura, aparte de su baja aportación de calorías, el ingrediente perfecto para adelgazar.

FRUTAS: Tienen un sabor delicioso, son saludables y confieren al batido su dulzor. Junto a las vitaminas, los minerales y las fibras esenciales, la fruta contiene una gran cantidad de sustancias vegetales secundarias. Es mejor adquirir piezas maduras, autóctonas y de temporada. Cuanto más madura, menos necesidad tendrás de endulzarla.

HIERBAS: La clorofila se encuentra especialmente en las verduras de hoja verde y en las hierbas frescas. Ayuda a desintoxicar el cuerpo, es antioxidante y protege el sistema inmunológico.

LÍQUIDOS: Para diluir los smoothies hay que utilizar ante todo el agua, que no tiene calorías adicionales. Es mejor utilizar agua mineral pura, aunque el agua de coco, la leche de almendra o la de arroz son saludables y deliciosas alternativas.

PARA ENDULZAR: ¡Nada de azúcar! Endulza tus smoothies con miel, jarabe de arce o stevia.

ESPECIAS: El cardamomo, la vainilla y otras especias aportan a los smoothies un sabor añadido.

FRUTOS SECOS Y SEMILLAS: Es mejor adquirir los frutos secos de cáscara dura enteros; siempre puedes molerlos si es necesario. Los frutos secos y las semillas contienen mucha grasa, un montón de fibra y proteína. Son por tanto valiosas bombas energéticas y nutricionales.

LOS SUPERALIMENTOS

ASAÍ EN POLVO: La baya del asaí está considerada como uno de los mejores adelgazantes naturales, y es un magnífico agente contra el envejecimiento.

SEMILLA DE CHÍA: Esta especial fuente de energía es rica en ácido graso omega 3 y muchos otros ingredientes de gran valor nutritivo.

CÁÑAMO EN POLVO/SEMILLA DE CÁÑAMO: Se cuentan entre las mejores fuentes de proteínas del mundo. Como ingrediente para los smoothies, son ideales las semillas sin cáscara o en polvo.

JENGIBRE: El jengibre es conocido por sus beneficiosos efectos sobre la salud. Es energético, fortalece las defensas del cuerpo y mantiene el calor interno del organismo.

CACAO (CRUDO): En crudo, el cacao natural es una magnífica fuente de antioxidantes, y es el número uno entre los elementos de la naturaleza que ayudan a perder peso.

CARDAMOMO: Según el Ayurveda, el cardamomo ayuda a la digestión, reduce la hinchazón, desintoxica el cuerpo de cafeína y mejora la circulación de la sangre en los pulmones.

MACA EN POLVO: Estos legendarios polvos proporcionan la potencia necesaria para los esfuerzos cotidianos.

ASPIRULINA/CHORELLA: Son algas ricas en albúmina que sorprenden por sus efectos purificadores.

STEVIA: Este edulcorante natural puede sustituir al azúcar y a la miel. Es también apropiada para diabéticos. Tiene un intenso sabor, y debes utilizarla solo en pequeñas cantidades.

PEREJIL & CO!

He aquí un saludable batido a base de manzana, verduras y el perejil que le da el nombre.
Su intenso color verde lo convierte en una bebida divertida que despierta el ánimo.

CONSEJO

Para una dosis extra de proteínas puedes añadir una cdta. de espirulina o de chlorella en polvo.

UN POCO
DE MENTA FRESCA

60 g de
perejil fresco

PUEDES ENDULZAR CON
MIEL Y STEVIA SI ES
NECESARIO

50 G DE BRÓCOLI
CRUDO

1 TALLO
DE APIO

1 MANZANA

80 g de pepino

3oo ml de agua

TANGO DE MANGO

El mango está lleno de vitaminas, es energético y en la India es conocido desde siempre como «el fruto de los dioses». Combinado con el hinojo y la naranja proporciona un sabor fresco y original.

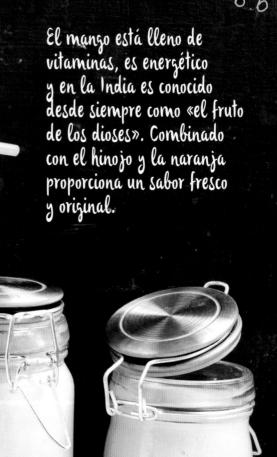

100 ML DE AGUA

100 ML DE ZUMO DE NARANJA RECIÉN EXPRIMIDA o bien 1 NARANJA ECOLÓGICA CON UN POCO DE CÁSCARA

1 mango maduro de tamaño medio (trozos de mango, frescos o secos y humedecidos)

unos 80 g de hinojo fresco

CONSEJO

Tango de Mango es un smoothie ideal para los niños. Por su dulzor, es fácil de combinar disimuladamente con la verdura.

JUANITO COL

Este es un batido verde, refrescante y delicioso.
Combinado con naranja o plátano, es ideal tanto
para el verano como para el invierno, ¡y ayuda
a estar de buen humor!

120 ml de leche de coco o de arroz

1 plátano

40 G DE COL RIZADA

1 naranja (trozos enteros sin corteza)

4 CUBITOS DE HIELO

GOJI QUEEN
ARONIA QUEEN

Los tibetanos utilizan las bayas de goji desde hace 2.500 años, pero en Europa son conocidas desde hace relativamente poco. Nuestra variante local es la aronia, que proporciona al smoothie una deliciosa tonalidad lila que sustituye al naranja intenso.

2 cdas. de bayas de goji

siempre dejar las bayas secas en remojo durante un rato, y utilizar este agua para la preparación

o bien

2 cdas. de bayas de aronia

1 CDA. DE JARABE DE ARCE O MIEL

1 plátano

1 MANZANA

un poco de vainilla (en polvo o extracto)

300 ml de agua

SUMMER DREAM

¡Una bebida de verano maravillosamente refrescante para los días calurosos! Muy adecuada también como bebida para las fiestas; añadir simplemente un chorrito de ron blanco, ¡y listo!

10 O MÁS
HOJAS DE
MENTA FRESCA

El zumo de 1 lima

CUBITOS DE
HIELO
AL GUSTO

unos 800 g
de sandía

HALLOWEEN-SMOOTHIE

¿Miel, calabaza, naranja y plátano?
¡Insólito, pero increíblemente delicioso!
El sabor a nuez de la calabaza de
Hokkaido y el frescor de la fruta
armonizan a la perfección.
El cardamomo proporciona ese
toque especial.

CONSEJO

Para esta receta necesitarás,
dada la consistencia de la calabaza,
una batidora de alto rendimiento.

200 ml de zumo de naranja,
o 2 naranjas sin cáscara

+ AGUA, EN FUNCIÓN DE
LA CONSISTENCIA DESEADA

1 cda. de jarabe de
arce o miel

¼ cdta. de cardamomo
en polvo

1 plátano

200 G DE CALABAZA DE HOKKAIDO *cruda y con corteza*

19

King Louie

El cereal le proporciona el toque crujiente, la banana y el ligero sabor a chocolate y coco convierten este smoothie en un sustituto perfecto para el desayuno. Te satisface y proporciona todo lo necesario para empezar bien el día.

2 cdas. de muesli crudo (sin tostar)

1 plátano maduro

70 ML DE LECHE DE MACADAMIA

1 cda. de semilla de chía

90 ML DE AGUA DE COCO

1 cdta. de cacao crudo en polvo

2 cdas. de chips de coco natural

adornar con 1 cdta. de semilla de cacao

+ 4 cubitos de hielo

21

SMOOTHIE MEDITERRÁNEO

¿Echas de menos el azul del Mediterráneo, el verano y los cálidos rayos de sol? Este extravagante smoothie puede aliviarte; está lleno de vitamina C, y recuerda los aromas del Mediterráneo oriental y el canto de los grillos.

3-4 higos frescos

el zumo
de ½ limón

200-300 ml de agua

2-3
DÁTILES

1 granada
(solo las semillas)

CONSEJO

Pon las semillas de granada
en un cuenco lleno de agua.
Así no salpican.

KALE RIDER

¿Col en un smoothie? ¡Sí! La piña y el agua de coco lo vuelven dulce y sabroso. Esta inusual combinación te sorprenderá positivamente.

2 CDAS. DE
AGUACATE

el zumo de 1 lima

150 g de piña

un puñado (unos 60 g)
de col rizada (quitar antes
los tallos)

300 ML
DE AGUA
DE COCO

CONSEJO

En lugar de agua de coco
puedes utilizar agua
(bien filtrada).

LECHE DORADA

La estrella de este smoothie es la cúrcuma. Este milagroso tubérculo está considerado una planta medicinal gracias a su ingrediente activo, la curcumina. En los días fríos, este smoothie, dulce y ligeramente fuerte, es un auténtico reconstituyente.

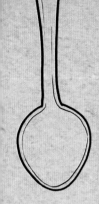

2-3 cdas. de
jarabe
de arce o
4 dátiles

20 G (UN PULGAR)
DE RAÍZ DE
CÚRCUMA FRESCA,
O 1 CDTA. DE
CÚRCUMA EN
POLVO

1 trozo pequeño
de jengibre fresco

unos 300 ml
de leche de almendra

LOW CARB

La mezcla de verduras, frutas y hierbas, y la ligera intensidad del jengibre hacen de este smoothie algo muy especial; además proporciona ingredientes de gran valor nutritivo.

10 G DE PEREJIL

de tamaño mediano

60 ML de agua

30 g de espinacas

1 MANZANA

½ PIMIENTO AMARILLO

un puñado
(60 g)
de uvas

1 cda. de zumo de limón

1 trozo
pequeño de
jengibre

4 cubitos de hielo

PINK POWER

¿Cómo puedo conseguir que mi hijo coma algo tan saludable como la remolacha? Con el smoothie Pink Power, adornado con laminaduras de cacao crudo. Es dulce, refrescante y muuuuy delicioso...

bonita ♡

adornar con pepitas de chocolate

80 G DE REMOLACHA CRUDA

100 ML DE agua

200 ml de leche de almendra o de arroz

3 cdas. de jarabe de arce o miel

UN POCO DE MENTA FRESCA

Smoothie Tropical

Si los ingredientes autóctonos te parecen demasiado aburridos en pleno invierno, cuando los días son más oscuros, los sabores tropicales te proporcionarán un agradable estímulo. Y, con algo de imaginación, podrás incluso evocar el sonido del mar.

cilantro fresco
al gusto

1 plátano

1 FRUTA DE LA PASIÓN
O UNA PAPAYA

200 ml de agua

el zumo   1 lima

de

30 g de copos de coco
(o 100 ml de agua de coco)

200 G DE PIÑA

Total Local Smoothie de Invierno

Un delicioso smoothie, típico del Norte, para el invierno. La mezcla de remolacha, col rizada, manzanas y otros ingredientes cubre de colorido y sabor el invierno. El tupinambo, también llamado «alcachofa de Jerusalén», es un milagroso tubérculo de aspecto poco llamativo, pero lleno de vitaminas y hierro.

CONSEJO

Los brotes cultivados en casa proporcionan muchas vitaminas en invierno.

endulzar al gusto

unos 50 g
de tupinambo crudo

I MANZANA

consejo

1 cdta. de cáñamo
en polvo

I manojo de col rizada

200 ml de agua

un puñado de hojas
de mora, o de hierbas
frescas

BROTES

I cda. de bayas de aronia (en remojo)

SMOOTHIE VERDE COMÚN

¡He aquí una bebida llena de energía y poder curativo! El verde es intercambiable, aunque cuanto más oscuro, mejor. En verano es preferible utilizar hierbas silvestres, como dientes de león, ortigas, pies de cabra o tréboles, y col rizada en invierno.

CONSEJO

Si lo deseas, puedes añadir un superalimento, como cáñamo, maca en polvo o semillas de chía.

un puñado de verde, por ejemplo:

COL RIZADA

1 manzana

canónigos

JENGIBRE
EN LÁMINAS

sin pelar

1 trozo
de pepino

HIERBAS

1 PLÁTANO

1 cda. de semillas
de lino trituradas

UNOS 300 ml DE AGUA

BLUEBERRY DREAM

Este sueño a base de arándanos es dulce y saludable. A los niños les encantará la «leche de arándano», y si utilizamos menos agua para obtener una consistencia más espesa, disfrutaremos de una saludable y sabrosa mermelada.

coco rallado para adornar

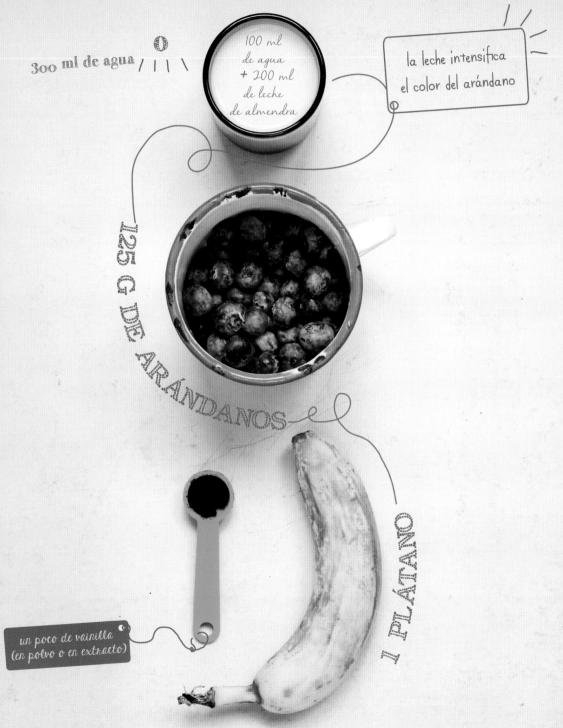

300 ml de agua **o**

100 ml
de agua
+ 200 ml
de leche
de almendra

la leche intensifica
el color del arándano

125 G DE ARÁNDANOS

un poco de vainilla
(en polvo o en extracto)

1 PLÁTANO

Antirresaca

Este verde y exótico smoothie con mango, aguacate, plátano y uva despierta y reanima el cuerpo. ¡Las semillas de chía lo convierten en una auténtica bebida energética!

adornar con ½ cdta. de semilla de chía

½ mango

40 g de col rizada

20 g de aguacate

½ plátano

1 RACIMO (60 G) DE UVAS

100 ml
de agua
de coco

1 CDA. DE
SEMILLA
DE CHÍA

50 ml
de leche
de arroz

4 CUBITOS
DE HIELO

CHAI SMOOTHIE

Disfrútalo en los días de calor con cubitos de hielo.
Si hace frío, templado adquiere todo su sabor.
Como la receta original india,
convence por su sabor dulce,
picante, ligeramente
fuerte y con aroma
a canela.

3 CDAS. DE JARABE DE
ARCE O DE MIEL

¼ de nuez moscada
(si es posible, recién rallada)

¼ cdta. de cardamomo en polvo

1 CDTA. DE CANELA

1 trozo de jengibre fresco

300 ml

de leche de almendra

UN POCO DE VAINILLA,
EN POLVO O EN EXTRACTO

43

SMOOTHIE DE CACAO

Quien de pequeño se volvía loco por la Nutella, ¡adorará esta versión! básicamente, este smoothie es una alternativa genial, sabrosa y saludable a una bebida de cacao, fría o caliente. la sal intensifica aún más su dulzor.

3 CDAS. DE JARABE DE ARCE

60 G DE AVELLANAS O NUECES DE BRASIL EN REMOJO (TAMBIÉN PUEDEN SER TOSTADAS)

100 ml de agua

1 cda. de cacao en polvo

200 ml de leche de almendra

un poco de vainilla (en polvo o en extracto)

una pizca de sal

CONSEJO

Para disfrutar de un SMOOTHIE AFTER-EIGHT, añade menta fresca o seca

BLOODY HELL

Una mezcla refinada y muy acertada a partir de uvas, remolacha, zumo de naranja y menta, con una intensa y maravillosa tonalidad púrpura, y un sabor que nos obligará a repetir.

4 HOJAS DE MENTA

4 cubitos de hielo

1 REMOLACHA

1 cda. de semillas de lino

un racimo de uvas rojas o verdes (60 g)

1 cdta. de zumo de limón

1 cdta. de açaí en polvo

100 ML DE ZUMO DE NARANJA RECIÉN EXPRIMIDO

SOBRE LA AUTORA

Irina Pawassar prepara desde hace muchos años smoothies para su familia, amigos y compañeros de trabajo. Cursó estudios para convertirse en Raw Food Chef (chef crudivegana) en Estados Unidos, y ha cocinado platos en una serie de seminarios crudiveganos en Irlanda. Ya ha contagiado a muchos su entusiasmo por la alimentación simple y saludable. Como chef de cocina del restaurante Gratitude, en Múnich, ha creado numerosos smoothies de gran colorido, con un protagonismo especial de la clorofila. Hace seis años que no padece una sola gripe.

Super Danke fue creado en la primavera de 2014 para compartir con el mayor número posible de personas el entusiasmo por los deliciosos y nutritivos *green* smoothies.